LE RÉVEIL

D'EPIMÉNIDE A PARIS,

COMÉDIE.

CETTE pièce est la première qui ait paru sur la Révolution ; mais elle a été suivie de beaucoup d'autres.

LE RÉVEIL D'EPIMÉNIDE,

A PARIS,

COMÉDIE

EN UN ACTE, EN VERS,

PAR M. DE FLINS;

Représentée sur le Théâtre de la Nation, par les Comédiens François ordinaires du Roi, le premier Janvier 1790.

NOUVELLE ÉDITION.

A PARIS,

Chez L. F. PRAULT, Imprimeur du Roi, quai des Augustins.

1791.

PERSONNAGES.	ACTEURS.
ÉPIMÉNIDE, *habillé comme au siècle de Louis XIV.*	M. Saint-Fal.
ARISTE.	M. Naudet.
JOSÉPHINE, *fille d'Ariste.*	Mad. Petit.
D'HARCOURT, *amant de Joséphine.*	M. Talma.
Madame BROCHURE.	Melle. Joli.
GORGI, *faiseur de feuilles.*	M. Dazincourt.
FÂTRAS, *Avocat-Général.*	M. Dugazon.
UN ABBÉ.	M. Dazincourt.
RATURE, *Censeur royal.*	M. Vanhove.
CABRIOLE, *Maître à danser.*	M. Dugazon.
CRISANTE, *Gentilhomme Breton.*	M. Larochelle.
NICOLAS, *Paysan.*	M. Bellemont.
UN CAPITAINE.	MM. Champville.
UN GRENADIER.	Gérard.
UN SOLDAT.	Marchand.

En uniforme de la Garde Nationale.

La Scène est aux Tuileries.

LE RÉVEIL
D'ÉPIMÉNIDE A PARIS,
COMÉDIE.

SCENE PREMIERE.
ARISTE, JOSÉPHINE, D'HARCOURT.

JOSÉPHINE.

Et c'est aujourd'hui qu'il s'éveille?

ARISTE.

Oui, ma fille, dans un moment.

JOSÉPHINE.

Depuis plus de cent ans vous dites qu'il sommeille?

ARISTE.

Je vous l'ai dit, ma fille.

A

LE RÉVEIL D'ÉPIMÉNIDE,

JOSÉPHINE.

Ho! c'est bien surprenant,
Mon père, et vous nommez cet homme.....

ARISTE.

Épiménide;
Il ne craint point les traits de la Parque homicide.
Lorsqu'il a vécu quelque temps,
Il s'assoupit; pendant cent ans,
Le sommeil auquel il se livre
L'entoure de pavots sans cesse renaissans.
Il se réveille alors et recommence à vivre.
Du monde qui varie il voit les changemens.

D'HARCOURT.

Il en a vu beaucoup!

ARISTE.

Il a vu dans la Grèce
La perfidie et la foiblesse
Remplacer les mâles vertus
Qui, des Persans soumis, la rendirent maîtresse.
Il a vu s'élever les murs de Romulus,
Il vit la liberté sur les pas de Brutus,
Venger le trépas de Lucrèce;
Il vit cette cité, si long-temps chère à Mars,
Rome, qui cinq cents ans n'avoit point eu d'émule,
Devant le fier Gaulois briser ses étendarts;
Et ce sceptre, si grand dans la main des Césars,

COMÉDIE.

Tomber dans les mains d'Augustule.
C'est en France sur-tout qu'il vit en peu d'instans
    Les mœurs et les événemens
Se succéder toujours l'un à l'autre contraires,
Et le trône flotter, sans borne et sans barrières,
    Entre le Monarque et les Grands;
Parmi les nobles fous qui suivoient les croisades,
Tous les excès s'unir à la dévotion,
    Et le refrein d'une chanson
    Se mêler au bruit du canon
    Qui défendoit les barricades;
Il a vécu n'aguere en ces jours si fameux
Où brillèrent Condé, Turenne et la victoire,
Où Louis fit servir ses peuples à sa gloire,
Immola tout pour elle et ne fit rien pour eux,
Admiré des sujets qu'il rendit malheureux.

    JOSÉPHINE *à d'Harcourt.*

Cet homme, cher d'Harcourt, doit bien savoir l'histoire!

    ARISTE *continuant.*

Épiménide a vu ce siècle trop vanté;
Il va se réveiller; quelle métamorphose!
    Moins d'éclat, plus de vérité,
Le deuil de la sottise et de la vanité,
Et le peuple à la fin compté pour quelque chose.

    JOSÉPHINE.

    Combien il me tarde de voir
    Un si singulier personnage!

Mon pere, dites-moi quel âge
Croyez-vous bien qu'il peut avoir ?

ARISTE.

Mais cinq à six mille ans.

JOSÉPHINE.

      Il est épouvantable,
Il va me faire peur.

D'HARCOURT.

     Non, il ne vieillit pas.

JOSÉPHINE.

Ainsi qu'à la vieillesse échapper au trépas,
 Mais c'est tout-à-fait agréable.
 (*A Ariste.*)
 Vous allez le chercher ?

ARISTE.

      J'y cours.
Tu peux m'attendre aux Tuileries.

JOSÉPHINE.

Ici seule...

ARISTE.

 Un époux...

JOSÉPHINE.

     Ce n'est que dans deux jours,
Et je crains les plaisanteries.

COMÉDIE.

D'HARCOURT.

Que pouvez-vous craindre avec moi ?

SCENE II.

JOSÉPHINE, D'HARCOURT.

JOSÉPHINE.

Tenez, mon cher d'Harcourt, soyez de bonne foi :
    Mon père plaisante et badine,
    Et bien loin d'être mon appui,
Je vois très-clairement que, d'accord avec lui,
    Vous vous moquez de Joséphine.

D'HARCOURT.

    Un père, un époux, un amant,
    Sont ceux que votre cœur soupçonne ;
    Cela s'appelle assurément
    Ne s'en rapporter à personne.

JOSÉPHINE.

    Ha ! sur-tout ne vous fâchez pas,
    Cela m'attriste et m'intimide ;
    Mais comment cet Epiménide,
    Que ne peut frapper le trépas,
Fut-il gardé chez nous avec tant de mystère.

Le temps que dura son sommeil,
Et qui put avertir mon père
Du jour précis de son réveil ?

D'HARCOURT.

Il étoit dès ce temps ami de la famille,
Et d'un de vos aïeux dût épouser la fille ;
C'est, je m'en souviens maintenant,
Celle dont le portrait charmant,
(Elle fut peinte alors au sortir de l'enfance,)
Nous présente avec vous beaucoup de ressemblance.

JOSÉPHINE.

Cela peut devenir plaisant.

D'HARCOURT.

Ainsi, chez votre aïeul, le jour du mariage,
Il tomba tout-à-coup dans les bras du sommeil ;
Depuis, dans la maison, il resta pour ôtage,
Et comme il dort cent ans, ni moins, ni davantage,
Votre père a prévu l'instant de son réveil.

JOSÉPHINE.

Je commence à trouver tout ceci très-croyable,
Et cela peut, dans un moment,
Me donner devant vous le divertissement
De quelqu'aventure agréable.

D'HARCOURT.

Une aventure ?

COMÉDIE.

JOSÉPHINE.

Assurément ;
Car, puisque je ressemble à celle qui fut chère
    A notre illustre revenant,
    Il va m'aimer en me voyant,
Et je saurai bientôt ce qu'étoit un amant
    Dans le siècle de ma grand'mère.

D'HARCOURT.

Mais, Joséphine, y pensez-vous ?

JOSÉPHINE.

Oui, Monsieur ; point de jalousie :
Vous êtes mon amant et non pas mon époux ;
    A ce titre il faut filer doux,
Et même vous prêter à la plaisanterie :
    D'abord, je veux que tout le jour,
Aux yeux du revenant, vous passiez pour mon frère,
    C'est à lui seul que je veux plaire ;
Abstenez-vous sur-tout de me faire la cour,
Sinon je romps l'hymen qu'a projetté mon père.

(*Ils vont se promener dans l'eloignement.*)

SCENE III.

EPIMÉNIDE, ARISTE.

EPIMÉNIDE.

Combien j'aime à revoir ce jardin enchanté,
Que pour le grand Louis, le Nôtre avoit planté !
　　　Pour moi, j'ai toujours regretté,
Qu'à ce palais superbe, à ces nobles murailles,
　　　Louis-le-Grand, avec sa Cour,
　　　Ait préféré pour son séjour,
　　　Le triste château de Versailles.

ARISTE.

　　　En ce cas, réjouissez-vous ;
Un de ses descendans, l'idole de la France,
　　　Est venu vivre parmi nous ;
Après quelques momens de trouble et de licence,
　　　Son auguste et douce présence,
Apporte le bonheur à son peuple calmé ;
Il ne s'entoure point d'une garde étrangère ;
Au sein de ses enfans, que peut craindre un bon père ?
Plus on le voit de près, et plus il est aimé.

EPIMÉNIDE.

Ainsi donc a péri cette pompe orgueilleuse,

COMÉDIE.

D'un roi qui, dévoré de chagrins et d'ennui,
Mit toujours sa grandeur entre son peuple et lui.

ARISTE.

Notre prince dédaigne une cour fastueuse.
    Son peuple est son plus ferme appui.

EPIMÉNIDE.

    Je le vois, la France est heureuse,
Et l'on a de vos jours détruit tous les abus.

ARISTE.

Mais beaucoup.

EPIMÉNIDE.

    Près d'ici j'apperçus tout à l'heure,
Des hommes qui marchoient modestement vêtus,
Les bourgeois pour les voir, sortant de leur demeure,
S'écrioient : « Les voilà ces sages citoyens,
» De l'état et du roi les plus fermes soutiens ! »

ARISTE.

On doit bien cet hommage à leur vertu suprême.
Comment ne pas bénir ceux dont les nobles voix,
Aux peuples opprimés ont rendu tous leurs droits ?

EPIMÉNIDE.

Les courtisans ont donc bien changé de système !
Ne vous trompez-vous pas ?

ARISTE.

    Vous vous trompez vous-même ;

LE RÉVEIL D'EPIMÉNIDE,

Ce ne sont point ses courtisans,
Que consulte un monarque sage.

EPIMÉNIDE.

Mais ce sont donc les parlemens !

ARISTE.

Les parlemens ? pas davantage !

EPIMÉNIDE.

Tous ces faits sont bien surprenans ;
Quel est donc le conseil du prince ?

ARISTE.

Ce sont tous les honnêtes gens ;
Il les aime beaucoup.

EPIMÉNIDE.
Fort bien.

ARISTE.

                Chaque province
Envoya les siens à la cour.
Tout ne put pas d'abord s'arranger dans un jour.
Quelques gens ont joué de vilains personnages ;
Mais il faut en chasser jusques au souvenir ;
Ce n'est point quand le ciel commence à s'éclaircir,
      Qu'il faut rappeller les orages ;
Maintenant tout va bien et nous devenons sages ;
Le peuple vraiment libre, en chérissant ses rois,
Obéit au monarque, et le monarque aux loix.

COMÉDIE.

EPIMÉNIDE.

Légitime puissance ! ô grandeur véritable !
Que j'aurai de plaisir à vivre dans Paris
    Parmi ce peuple respectable,
    Qui n'étoit que le plus aimable,
    Lorsqu'il étoit le plus soumis !
Cependant, pour mener une vie agréable,
Il y faut de l'argent, ainsi qu'au temps jadis.

ARISTE.

Un peu plus.

EPIMÉNIDE.

              Vous m'avez promis
De voir le descendant d'un honnête notaire,
    Qui fut long-temps de mes amis ;
Chez lui, de mon vivant, j'ai déposé jadis
Un peu d'argent qui m'est aujourd'hui nécessaire ;
    En mourant il l'aura, j'espére,
Laissé pour me le rendre en la main de ses fils.
    Au sujet d'une ancienne affaire,
    Je voudrois voir un procureur,
    Et je demande qu'un tailleur
    Me fasse un habit plus commode ;
Car je vois que le mien n'est pas fort à la mode.

ARISTE.

Je saurai remplir tous vos vœux.

SCENE IV.

EPIMÉNIDE, *seul.*

ME voici donc encore une fois de ce monde ;
    Ma destinée est sans seconde,
    Et je n'en suis pas plus heureux.
    Je fais des amis sur la terre,
    Et je deviens même amoureux ;
Lorsque pour moi la vie est déjà douce et chère,
    Je m'assoupis ; pendant cent ans
      Au sommeil mon corps s'abandonne ;
    Quand je m'éveille après ce tems,
Hélas ! maîtresse, amis, sont morts depuis long-tem,
    Et je ne reconnois personne :
    Mais je ne regrette rien tant
    Que cet objet jeune et charmant,
A qui le nœud d'hymen alloit unir ma vie....
Elle n'est plus sans doute, ou par l'âge enlaidie....

COMÉDIE.

SCENE V.

D'HARCOURT, JOSÉPHINE, EPIMÉNIDE.

JOSÉPHINE *à d'Harcourt dans l'éloignement.*

AH ! laissez-moi, Monsieur, je veux le voir de près.

(*D'Harcourt reste dans une allée de manière à être vu des spectateurs.*)

EPIMÉNIDE *appercevant Joséphine.*
C'est son geste, son port, ses traits ;
Oui, c'est elle, c'est Amélie.

(*A Joséphine.*)
Le tems qui flétrit tout, respecta vos attraits,
Vos yeux sont aussi vifs, votre teint aussi frais ;
Vous êtes jeune encor.

JOSÉPHINE.
La fleurette est jolie :
Vous êtes étonné de me voir sans horreur,
Et vous me savez gré de ne pas faire peur.

ÉPIMÉNIDE.
Non point ; mais, en suivant l'ordre des destinées,
Je l'avourai tout haut ; je ne m'attendois pas
A vous retrouver tans d'appas,

   Vous comptiez près de vingt années,
Alors que dans Paris je vous rendis des soins;
Or, j'ai dormi cent ans, (car je ne dors pas moins ;)
Et quand je vous revois, je vous trouve embellie ;
Si la surprise alors s'empare de mes sens,
C'est qu'il n'est pas commun, quand on a cent vingt ans,
   D'être si fraîche et si jolie......
Vous ne répondez point : oh ! quel accueil, ô Dieux !
Infidele ! elle rit et détourne les yeux.

JOSÉPHINE.

Infidele est fort bon ; je le suis donc d'avance :
Nous n'avons pas, Monsieur, fait encor connoissance.

ÉPIMÉNIDE.

J'allois vous épouser, quand le sommeil me prit ;

JOSÉPHINE.

Jamais à mes côtés amant ne s'endormit.

ÉPIMÉNIDE.

C'étoit l'an mil six cent.....

JOSÉPHINE.

      Non pas, ne vous déplaise,
Je n'ai pas cent vingt ans, je n'en compte que seize.

ÉPIMÉNIDE.

Amélie !

JOSÉPHINE.

Ah ! ce nom doit être respecté,

COMÉDIE.

Car, par ma bisayeule, on dit qu'il fût porté,
  Et des gens de ma connoissance,
  Ont, dans leurs accès de gaieté,
Entre elle et moi trouvé beaucoup de ressemblance.

ÉPIMÉNIDE.

Je commence à tout concevoir.

JOSÉPHINE (à d'Harcourt.)

Venez, nous n'avons plus besoin de votre absence.
  J'ai su ce que je veux savoir,
  Et je vous aime avec constance
  En dépit de tous vos défauts.

SCENE VI.

LES MÊMES. GORGI, (*un crayon à la main, écrivant sur des tablettes.*)

GORGI, (à part.)

Achevons maintenant la feuille de Bruxelles.
Combien nous faudra-t-il tuer d'Impériaux ?
  Deux ou trois mille ! Bagatelles !
Il me faut surpasser tous les autres journaux
  Par de plus sanglantes nouvelles.....
Vingt mille hommes tués dans le dernier combat...

LE RÉVEIL D'ÉPIMÉNIDE,

(*Il heurte Épiménide.*)

Je ne vous voyois point ; pardon, je me retire.

ÉPIMÉNIDE.

Pourquoi vous déranger ? continuez d'écrire.

GORGI.

Il le faut bien, c'est mon état....
Si ces Messieurs vouloient souscrire ?

ÉPIMÉNIDE.

Volontiers, mais auparavant,
Monsieur, pour quel ouvrage ? il faut nous en instruire.

GORGI.

C'est pour un Journal excellent,
Qui, le matin, dès qu'on s'éveille,
Apprend, dans tout Paris, ce qui dans le Brabant
S'est, à coup sûr, passé la veille.

D'HARCOURT.

Moi je ne puis pas concevoir,
Comment de Gand ou de Bruxelles,
Vous pouvez, le matin, nous donner des nouvelles,
Tandis que le Courrier n'arrive que le soir.

GORGI.

Je n'attends pas les faits ; Monsieur, je les devine ;
Les Courriers sont d'une lenteur,
Et ce qu'on apprend d'eux, après tant de longueur,
Ne vaut pas ce qu'on imagine.

ÉPIMÉNIDE.

COMÉDIE.

ÉPIMÉNIDE,

Mais tromper le Public ;

GORGI.

Le Public est si bon !
Il ne veut qu'être ému, c'est à quoi je m'applique ;
Je ne vois que complots et conjuration ;
Je mets par-tout du fer, des mines, du canon ;
Ah ! Messieurs ; sans l'invention,
Que deviendroit la politique !

D'HARCOURT, *donnant de l'argent à Gorgi.*

Je souscris donc pour un Roman.

GORGI (*continuant d'écrire.*)

L'Archevêque a perdu sa cuirasse et ses bottes,
Et l'on n'égorgea près de Gand
Que quatre-vingt-deux Patriotes.

___

SCENE VII.

D'HARCOURT, JOSÉPHINE, ÉPIMÉNIDE.

___

ÉPIMÉNIDE.

Vous souffrez des écrits pleins de rapports si faux !

D'HARCOURT.

On rit de leurs auteurs, même de leurs outrages,
Ils n'en imposent qu'à des sots.

B

EPIMÉNIDE.
Et l'on n'empêche point tous ces méchans ouvrages?

D'HARCOURT.
Pas plus que les mauvais propos.

EPIMÉNIDE.
On fut moins doux jadis : pour la moindre vétille,
On alloit quelque tems rêver à la Bastille.

D'HARCOURT.
On n'y peut plus rêver, la Bastille n'est plus.

EPIMÉNIDE.
Que dites-vous, Monsieur !

D'HARCOURT.
      Ses murs font abattus.

EPIMÉNIDE.
Comment ! cette puissante et vaste Forteresse,
Qui sembloit à Paris devoir donner des loix,
Contre qui de Condé, le courage et l'adresse
 Ont échoué pendant trois mois ?

JOSEPHINE.
On est devenu plus habile :
Il n'a, de notre tems, fallu qu'une heure ou deux.

D'HARCOURT.
 Quelques Citoyens généreux
En ont débarrassé la ville,

Et détruit ces murs trop fameux,
Qui servoient des tyrans la fureur vengeresse,
Les soupçons d'un Ministre ou ceux d'une Maîtresse.
J'ai vu s'ouvrir au jour, pour la première fois,
Ces cachots ténébreux, creusés pour les coupables,
Qui, de tant d'innocens, ont entendu les voix.
    Et j'ai vu ces tours formidables
Expier, en tombant, tous les crimes des Rois.

EPIMÉNIDE.

Ce que vous contez-là me paroît à merveille.
    Jamais un fait plus désiré
    Ne pouvoit flatter mon oreille,
    Et je vous en sais très-bon gré.
Malgré les agrémens dont ce Paris fourmille,
    Souvent on y couroit gros jeu,
Il n'est pas de plaisirs que ne gâtât un peu
La crainte de coucher le soir à la Bastille.

SCENE VIII.

LES MÊMES. Madame BROCHURE.

Madame BROCHURE.

Qui veut un ouvrage nouveau ?
A deux sous, Messieurs, c'est du beau,
Vous pourrez en faire un cadeau.

LE RÉVEIL D'EPIMÉNIDE,
D'HARCOURT.

Nous.

Madame BROCHURE.

À Mademoiselle ; elle aime la lecture.

JOSÉPHINE.

Eh ! mais, c'est madame Brochure.
Avez-vous beaucoup de chansons ?

Madame BROCHURE.

Chansons ! je n'en vends plus, je cède aux circonstances;
Autres temps, autres mœurs ; je vends des motions,
Des arrêtés et des séances.

JOSÉPHINE.

Quoi ! pas même un air des bouffons ?

Madame BROCHURE *chante.*

J'ai long-tems vendu des chansons
Et de galantes aventures ;
J'ai vendu des contes fripons,
Avec d'excellentes gravures.
Quand de jeunes gens un essain
Vient près de moi pour faire emplette,
Moi, je leur souris à dessein,
Pour que tout le monde en achète.

Enfin, un plus noble travail
A présent me réhabilite ;

COMÉDIE.

C'est l'esprit des loix en détail,
Qu'à très-bon marché je débite.
Riches, pauvres, accourez tous,
Venez près de moi faire emplette;
Ah! la sagesse est à deux sous,
Pour que tout le monde en achète.

———

Lorsqu'ils avoient beaucoup d'argent,
J'aimois fort les aristocrates;
Mais, citoyenne maintenant,
J'aime beaucoup les démocrates.
Messieurs, je vends de bons écrits;
Venez près de moi faire emplette:
Ah! j'en ai de tous les partis,
Pour que tout le monde en achète.

EPIMÉNIDE.

Ah! Madame est libraire.

Madame BROCHURE.

A-peu-près.

EPIMÉNIDE.

     Quel bonheur!
Je vais donc retrouver en France,
 Après une si longue absence,
Tous les divins écrits dont j'ai chéri l'auteur;
Molière, par exemple.

Madame BROCHURE.
Oh! sa vogue est finie.
EPIMÉNIDE.
De ses vers excellens on s'occupe toujours ?
Madame BROCHURE.
Quelquefois à la Comédie,
Encor sont-ce les mauvais jours.
EPIMÉNIDE.
Et ce maitre de l'art, ce sublime génie,
Corneille....
Madame BROCHURE.
Ah! Monsieur, quel travers !
EPIMÉNIDE.
Racine....
Madame BROCHURE.
On ne lit plus de vers.
EPIMÉNIDE.
Quoi !...
D'HARCOURT.
Chaque siècle a sa manie.
Dix ans on raffola de l'Encyclopédie.
JOSÉPHINE.
Pour la chymie encore on eut beaucoup d'amour.

COMÉDIE.

D'HARCOURT.

Restoit la politique ; aujourd'hui c'est son tour.

Madame BROCHURE.

Chacun régle l'état ; et même la coquette
A fait des droits de l'homme un livre de toilette.

D'HARCOURT.

Un honnête marchand endoctrine les rois.
Un clerc d'huissier-priseur veut réformer les loix.

JOSÉPHINE.

Un chansonnier l'église, un danseur la marine.

Madame BROCHURE.

Mon boulanger plus sage écrit sur la farine.
Tout cela fait pitié ; mais cela se vend bien.

SCÈNE IX.

LES MÊMES, GORGI, RATURE.

Madame BROCHURE.

COMMENT vont, cher Gorgi, les feuilles du matin!

GORGI *continuant d'écrire.*

L'aristocrate en vain retarde sa défaite.

LE RÉVEIL D'EPIMÉNIDE,

(*A Madame Brochure.*)

Encor quelques complots, et ma fortune est faite.

Madame BROCHURE *montrant Rature.*

Quel est donc ce monsieur, qui paroît si chagrin ?

GORGI.

Mon enfant, c'est monsieur Rature,
Dont tous les écrivains redoutoient la censure.

Madame BROCHURE.

Qu'il a l'air de mauvaise humeur !

GORGI.

Il s'étoit fait de nuire une profonde étude :
Il ne fait plus de mal, mais il fait encor peur,
Et de fuir les censeurs j'ai gardé l'habitude.

(*Madame Brochure sort avec Gorgi.*)

SCENE X.

RATURE, EPIMÉNIDE, D'HARCOURT.

RATURE.

CET auteur est bien insolent.
Mais aujourd'hui rien ne m'étonne,
Mais que respecte-t-on dans le siècle présent ?

On abolit effrontément
Une charge de la couronne :
On m'ôte mon empire.

EPIMÉNIDE.

Oh le trait déloyal !
Qu'étiez-vous donc, monsieur ?

RATURE.

J'étois censeur royal.
J'ai censuré Jean-Jacque et Voltaire et Raynal ;
J'ai rempli mes devoirs avec bien du scrupule.
Les plus grands Ecrivains trembloient à mon aspect :
J'ai souvent raturé jusques à la virgule,
Lorsque l'Auteur étoit suspect.
J'opprimai les talens soumis à ma férule,
Et je ne fis jamais fléchir l'autorité :
Quand souvent un Auteur rébelle
Me forçoit d'admirer l'article rejeté,
Je raturois encor pour mieux prouver mon zèle ;
Et le nom de Rature enfin m'en est resté.

EPIMÉNIDE.

On a, je le vois bien, supprimé la censure.

RATURE.

C'est une fâcheuse aventure.

D'HARCOURT.

Oh, oui, pour les Censeurs.

RATURE.

Mais bientôt on verra

Tous les maux que ceci va causer à la France.

EPIMÉNIDE.

Eh bien ! que croyez-vous qu'il en arrivera !

RATURE.

Chacun écrira ce qu'il pense.

D'HARCOURT.

Le grand mal !

RATURE.

Si, du moins, dans cette occasion,
On nous avoit laissé la moindre pension,
J'aurois pu, je le fens, garder moins de rancune ;
Mais, las ! nous renvoyer sans pension aucune.

D'HARCOURT.

Ah voilà le grand tort ; mais quoi ! vous pourriez bien
Composer au moins quelque Ouvrage.

RATURE.

Je raturois avec courage ;
Mais, moi, je n'imagine rien.

D'HARCOURT.

Cependant les Censeurs ont compté sur leur liste,
Plus d'un excellent Ecrivain :
Ils ont eu Dalembert, l'auteur de Rhadamiste,
Même il en est encore que l'on pourroit citer.

COMÉDIE.

RATURE.

Ce Dalembert, Monsieur ? Bon, c'étoit un faux-frère.
Il fut, dans tous les tems, suspect au Ministère ;
  Sur lui l'on ne pouvoit compter :
Il auroit respecté la prose de Voltaire :
Il aimoit trop les arts ; il alloit tout gâter.

D'HARCOURT.

Mais vous ?

RATURE.

  Moi, je n'ai pas ce reproche à me faire ;
Cependant je perds tout.

D'HARCOURT.

  Espérez.

RATURE.

    Que j'espère ?

D'HARCOURT.

D'affaire, croyez-moi, vous pouvez vous tirer.

RATURE.

Mon embarras, Monsieur, ne sauroit se décrire.

D'HARCOURT.

Mais, secrétaire un jour....

RATURE.

  Je ne sais pas écrire.

EPIMÉNIDE.

Eh! que savez-vous donc?

RATURE.

Je savois censurer.

(*Il sort.*)

SCENE XI.

D'HARCOURT, JOSÉPHINE, EPIMÉNIDE.

EPIMÉNIDE.

Non, je ne doute plus du destin de la France;
Voilà de son bonheur la plus ferme assurance;
Elle est libre; à mes yeux le plus grand des bienfaits,
Est, d'avoir aboli la censure, exercée
Pour entourer les rois d'infortunés muets:
Les tyrans n'ont d'abord enchainé la pensée,
 Que pour enchaîner les sujets.

SCÈNE XII.

LES MÊMES, ARISTE.

ARISTE à *Epiménide*.

Vos gens vont arriver.

EPIMÉNIDE.

Vous prenez trop de soin.

ARISTE.

Vous allez voir tous ceux dont vous avez besoin ;
Mais quand j'ai dit qu'Epiménide
Sort de ce long sommeil qui ressemble au trépas,
On rit, on me regarde, et l'on ne me croit pas.
Ils veulent, tous, vous voir; ils m'ont choisi pour guide,
Et vont vous tomber sur les bras....
Justement, c'est monsieur Fatras.

SCENE XIII.

LES MÊMES, FATRAS.

FATRAS (à *Epiménide*.)

C'EST donc vous qui venez, Monsieur, de l'autre monde
Il est dans celui-ci beaucoup de changemens,
Votre raison, sans doute, et les hait et les fronde,
Car vous me paroissez être homme de bon sens.

EPIMÉNIDE.

J'aime tout changement utile,
Je hais ceux qui ne le sont point.

FATRAS.

Vous allez détester ceux qu'on fait dans la ville :
Nous serons d'accord en tout point ;
Parlons d'abord de la justice,
C'est un métier que je connois :
J'ai vécu quarante ans de rapports et d'épice :
Les dossiers m'ont cent fois vu plier sous le faix,
Et j'usai sur mon dos dix robes de palais ;
Mais la justice criminelle
Pour moi, dans tous les tems, eut sur-tout des attraits ;
C'est là, Monsieur, que j'excellois ;
Et l'on veut que j'adopte une forme nouvelle,

COMÉDIE.

Pour rendre mes nouveaux arrêts !
Ils ne respectent rien de nos anciens décrêts ;
Ils ont aboli tout, tout jusqu'à la torture.
  Dans la nouvelle procédure,
Avant de les punir, on prouve les forfaits ;
Et, jusques au moment où le crime est notoire,
  Le jugement est suspendu.
  Ah ! si l'on veut tous les en croire,
  Aucun d'eux ne sera pendu.

EPIMÉNIDE.

Mais cela me paroît fort sage.

FATRAS.

Voilà ce qu'ils me disent tous.

ARISTE.

Pourquoi donc vous mettre en courroux ?

D'HARCOURT.

Je suis pour la raison.

FATRAS.

    Moi pour l'ancien usage.
Je ne le vois que trop, les premiers inventeurs
  De ces réformes exécrables,
  Sont ces auteurs abominables,
Des Sirven, des Calas, coupables défenseurs.
Nous avons donc en vain poursuivi leur mémoire,
Fait brûler leurs écrits par la main du bourreau ;

LE RÉVEIL D'EPIMÉNIDE,

Nos persécutions ajoutent à leur gloire :
    Nous voyons Voltaire et Rousseau,
Régir l'opinion du fond de leur tombeau :
Je veux, pour nous venger, faire un réquisitoire.

ARISTE

Et contre qui, monsieur ?

FATRAS.

                Contre la nation.
Et je veux y mêler de vives apostrophes,
    Contre un roi qui fut assez bon,
    Pour accorder sa sanction
    A des décrets de philosophes.

                (Il sort.)

SCENE XIV.

D'HARCOURT, JOSÉPHINE, EPIMÉNIDE, ARISTE, CRISANTE, NICOLAS.

JOSÉPHINE. *(à d'Harcourt.)*

L'HUMEUR de ce robin est fort divertissante.

D'HARCOURT *(à Joséphine.)*

Quoi ! vous riez de son courroux ?

EPIMÉNIDE.

COMÉDIE.

EPIMÉNIDE.

Mais quel est ce monsieur qui s'avance vers nous?

ARISTE.

C'est un vieil officier qui se nomme Crisante.

D'HARCOURT.

Il s'agite, il grimace.

JOSÉPHINE.

Et n'a pas l'air fort doux.

ARISTE (*continuant à Epiménide.*)

Gentilhomme autrefois, fort de ma connoissance.

JOSÉPHINE.

J'aime beaucoup sa fille Hortense.

(*à Nicolas.*)

Ah! bonjour, Nicolas.

CRISANTE (*à Ariste.*)

C'est un de mes vassaux.

NICOLAS.

Mais ce Paris est admirable.

CRISANTE.

Que viens-tu faire ici?

NICOLAS.

J'ai fini les travaux;

J'ai travaillé l'été, j'ai tant chassé l'automne,
Et je viens dans Paris prendre un peu de repos ;
    Que Monseigneur me le pardonne !

CRISANTE.

L'insolent ! dans Paris as-tu quelque procès ?

NICOLAS.

Nous en avions un grand dont je désespérais
    Pour tous les Paysans de France ;
Mais nous l'avons gagné ; moi, par reconnoissance,
    J'accours dans Paris tout exprès,
Pour voir tous les auteurs de ces sages décrets,
Qui nous ont fait rentrer dans nos droits légitimes ;
Ont détruit les abus, ont soulagé les maux,
    Ont enfin aboli les dîmes ;
Car je ne parle pas des droits seigneuriaux.

CRISANTE.

Peut-on pousser plus loin l'audace et l'insolence !
    Il me parle avec assurance.
A l'entendre, on croiroit que nous sommes égaux.

NICOLAS.

Cela pourroit bien être.

CRISANTE.

        Autrefois dans la France,
La présence d'un duc faisoit taire un marquis.
    Devant l'homme à la cour admis,
    Un gentilhomme de province

N'auroit osé rester assis.
Un bourgeois respectoit le noble le plus mince,
Les plus grands imposoient toujours aux plus petits,
　　　Et c'étoit un ordre admirable;
　　　Mais aujourd'hui dans ce Paris,
　　　C'est un despotisme effroyable,
　　　Tout le monde y dit son avis.

NICOLAS.

Il faut bien vous y faire, ou je me donne au diable;
　　　Nous étions bêtes autrefois,
　　　Lorsque nous ne savions pas lire;
　　　Les plus forts avoient fait les loix,
　　　Il falloit nous laisser conduire,
Hélas! Dieu sait comment; mais tout change aujourd'hui.
Nous savons respecter un brave gentilhomme;
Quand il se bat pour nous, nous travaillons pour lui:
Mais nous ne voulons point qu'un faquin nous assomme:
　　　C'est que j'ons lu les droits de l'homme.

CRISANTE.

Je ne m'attendois point à ce dernier trait-là;
On peut faire à présent tout ce que l'on voudra.
Je vais loin de ces lieux chercher un coin de terre,
Où d'un peu d'esclavage on ait gardé le goût;
　　　Et me jetter dans la rivière,
　　　Si l'on devient libre par-tout.

　　　　　　(*Il sort.*)

SCENE XV.

NICOLAS, D'HARCOURT, JOSÉPHINE, EPIMÉNIDE, ARISTE.

EPIMÉNIDE.

Le siècle où vous vivez sera beau pour l'histoire,
Et le François enfin, connoissant tous ses droits,
Après avoir tout fait pour la grandeur des rois,
Travaille pour sa propre gloire.

SCENE XVI.

LES MÊMES, UN ABBÉ.

L'ABBÉ, chantant, *sur l'air :* J'ai perdu mon
Euridice.

J'ai perdu mes bénéfices,
Rien n'égale ma douleur....

EPIMÉNIDE.

Sa douleur n'est pas bien amère,
Puisqu'elle s'exprime en chantant.

COMÉDIE.

L'ABBÉ *à part*.

Avoir rendu, de mon vivant,
La Nation mon héritière.

EPIMÉNIDE.

Quoi donc?

L'ABBÉ.

Ces députés, ces conseils d'un bon roi,
Ces hommes qu'on chérit, on ne sait pas pourquoi,
Et qui n'ont jamais fait le bien que par surprise,
Pour enrichir l'état nous prennent notre argent;
Ils vont nous obliger à vivre, en enrageant,
Selon les canons de l'église.

JOSÉPHINE.

Mais c'est tout-à-fait déplacé.

L'ABBÉ.

Leur politique est détestable,
Ce n'est pas contre moi que le piége est dressé;
Je puis mener encore une vie agréable,
Avec le peu qu'on m'a laissé.

ARISTE.

Et quel chagrin donc vous tourmente?

L'ABBÉ.

Ah! si je souffrois seul, j'y verrois moins de mal:
Mais, à d'autres qu'à moi, mon malheur est fatal.

Tous ceux que soulageoit ma vertu bienfaisante,
    S'en vont mourir à l'hôpital ;
J'ai soutenu long-tems les beautés indigentes.
    Quand j'avois des biens superflus,
    Je donnois par mois mille écus,
    Pour aider mes pauvres parentes.

D'HARCOURT.

Vos parentes, monsieur ! pourquoi pas vos parens ?

L'ABBÉ.

Je n'ai point de parens, je n'ai que des cousines,
    Ce sont d'aimables orphelines.

JOSÉPHINE.

Mais quel âge à-peu-près ?

L'ABBÉ.

        La plus vieille a vingt ans ;
    Vous voyez de quels sacrifices,
Envers tous mes parens, je m'étois fait la loi,
    Et que ce n'étoit pas pour moi,
Que j'employois l'argent de mes six bénéfices.

ARISTE.

Oui, puisque vous rendiez de si nobles services,
Vous auriez dû sans doute être plus ménagé.

L'ABBÉ.

On nous enlève tout.

EPIMÉNIDE.

    Que j'en suis affligé !

D'HARCOURT.

Que je plains ce pauvre clergé !

JOSÉPHINE.

Que je plains ces pauvres cousines !
Mais on vous laisse au moins et vêpres et matines.

L'ABBÉ.

Le trait sans doute est des plus noirs ;
Nous prendre notre argent, nous laisser nos devoirs.

D'HARCOURT.

Mais, puisque tout change à présent,
Que tout état subit une métamorphose,
Il falloit bien chez vous réformer quelque chose.

L'ABBÉ.

Il falloit s'y prendre autrement.
C'est précisément le contraire.

JOSÉPHINE.

Comment ! et que falloit-il faire ?

L'ABBÉ.

Nous ôter nos devoirs, nous laisser notre argent.

   (*Il sort.*)

SCENE XVII.

CABRIOLE, LES MÊMES, excepté l'ABBÉ.

CABRIOLE.

N'est-ce pas vous, monsieur, qu'on nomme Epiménide ?

EPIMÉNIDE.

Oui.

CABRIOLE.

Monsieur, le respect et m'attire et me guide.

EPIMÉNIDE.

Monsieur, vous êtes obligeant.

CABRIOLE.

Vous avez vu Louis-le-Grand.

EPIMÉNIDE.

Oui, monsieur.

CABRIOLE.

Ah! monsieur, le règne magnifique!

EPIMÉNIDE.

Il avoit de la majesté.

COMÉDIE.

CABRIOLE.

Comme il aimoit les arts, la danse et la musique!
Versailles de concerts toujours retentissoit.

EPIMÉNIDE.

Beaucoup de gens blâment sa politique.

CABRIOLE.

Combien j'aurois alors brillé dans un ballet!

EPIMÉNIDE.

J'aime mieux le nouveau système.
Sa cour....

CABRIOLE.

Ah! quelle cour! tout le monde y dansoit,
Les ducs, les maréchaux, et jusqu'au roi lui-même;
Mais maintenant, hélas! ô regrets superflus!
Tout dégénère en France, et l'on ne danse plus.
Les états-généraux nous ont coupé la gorge.
On écrit, on écrit, de livres on regorge;
  On est publiciste ou soldat;
Quelques hommes de cour dans leur adolescence,
  Sont déjà des hommes d'état.
  Que de gens perdus pour la danse!
Non je ne fais plus rien depuis six mois entiers;
Tous mes amis, hélas! ont fui chez les Sarmates;
  C'est parmi les aristocrates
  Qu'étoient mes meilleurs écoliers.

ARISTE.

Vous pourrez en trouver parmi la bourgeoisie.

CABRIOLE.

J'aimois mieux les former dans la classe choisie ;
Mais d'elle, je le vois, il faut me dégager,
  Descendre un peu chez le vulgaire,
Suivre avec quelques grands le parti populaire,
Avec Montmorenci je veux bien déroger ;
Oui ; je deviens bourgeois et change de méthode.
  Près d'ici l'on prépare un bal,
Et je veux y donner une fête à la mode ;
  C'est un ballet national.

D'HARCOURT.

  Il réussira, je vous jure :
Les affaires vont prendre une bonne tournure,
Et l'on rappellera cette douce gaîté,
  Et cette aimable urbanité,
  Qui faisoient tant chérir la France,
  Et dont plus d'une circonstance,
Depuis cinq à six mois, nous ont un peu privé.

CABRIOLE (*s'en allant en dansant.*)

Ainsi refleurira le grand art de la danse ?

D'HARCOURT.

Oui, monsieur.

CABRIOLE.

  L'état est sauvé.

COMÉDIE.

___

SCENE XVIII, et derniere.

NICOLAS, D'HARCOURT, JOSÉPHINE, (un Officier et deux Soldats de la Garde Nationale,) un Procureur Grenadier, un Notaire Capitaine, un Tailleur Fusilier, EPIMÉNIDE, ARISTE.

___

ARISTE (*à Epiménide.*)

Voila tous ces Messieurs, dont vous avez besoin.

UN TAILLEUR. (*Soldat.*)

Monsieur, je suis tout prêt....

EPIMÉNIDE.

Vous prenez trop de soin....

(*à Ariste.*)

Dites-moi, quel dessein amene
Ces soldats et cet officier ?
Ne vous avais-je pas prié de m'envoyer
Un bon tailleur.....

LE TAILLEUR.

Est fusillier.

ÉPIMÉNIDE.

Mon procureur ?

LE PROCUREUR. (*Soldat*)

Est grenadier.

ÉPIMÉNIDE.

Et mon notaire ?

LE NOTAIRE. (*Soldat.*)

Est capitaine.

D'HARCOURT.

Nous sommes tous guerriers, et le roi des François
Compte autant de soldats qu'il compte de sujets ;
Demain, chez lui je suis de garde.

NICOLAS.

Pour lui nous irions tous au feu ;
Et, si je n'ai point l'habit bleu,
Je porte du moins la cocarde.

ÉPIMÉNIDE.

Dans un moment je suis à vous.
Du beau nom de François combien je suis jaloux !

ARISTE.

Demeurez à Paris.

ÉPIMÉNIDE.

C'est mon vœu le plus doux.

COMÉDIE.

D'Harcourt à Epiménide.

Quand vous verrez Madame seule,
N'allez pas, soit dit entre nous,
La prendre pour sa bisayeule!

VARIANTES *.

D'Harcourt.

Il faut rester encor dans nos libres remparts.
 Enfin, sous la même bannière,
 Paris a vu, de toutes parts,
 Se rassembler la France entière.
Quel spectacle imposant a frappé nos regards!
Un pacte solemnel, une auguste alliance,
Ne fait plus de l'état qu'une famille immense.
Ce ne sont plus ici ces fêtes de l'orgueil,
Où d'un monarque vain le faste se déploie:
 Quand la cour ordonnoit la joie,
 Souvent le peuple étoit en deuil.
Tout cet éclat vanté de la pompe royale,
D'un despote insolent la marche triomphale,
N'offre aux yeux éblouis des peuples à genoux
Que la grandeur d'un seul et l'opprobre de tous:

---

* Ces variantes ont été faites pour la Fédération du 14 Juillet, et l'on en peut faire usage tous les ans à la même époque.

Ce jour plus glorieux, plus digne de mémoire,
Est l'honneur de l'humanité.
Les drapeaux de la liberté,
Flottant autour du trône, en rehaussent la gloire;
Il s'affermit par l'équité:
Oui, pour mieux commander, l'auguste diadême
S'est abaissé devant la loi.
Du prince et des sujets l'intérêt est le même:
La fête d'un grand peuple est celle d'un bon roi.
De tous les oppresseurs ce jour est la défaite;
Rien ne manque à nos vœux: Paris, comme Boston,
A, dans Bailly, dans la Fayette,
Son Francklin et son Washington.

JOSÉPHINE.

Combien ce jour tardoit à mon impatience!
Pour empêcher qu'il n'eût quelques retards,
J'allai, pendant trois jours, avec un peuple immense,
Porter la terre au champ de Mars:
Tout le monde y couroit; la prude, la coquette,
Les bourgeois, les seigneurs, les soldats, les robins;
Même des cordons bleus ont traîné la brouette;
Et j'ai vu confondus, sans blesser l'étiquette,
Les filles et les capucins.
J'ai perdu, le jour de la pluie,
Mon ajustement neuf, mes gazes, mes linons;
C'est sans aucun regret que je les sacrifie:
Une Françoise à la patrie
Peut bien immoler tout, tout jusqu'à ses chiffons.

COMÉDIE.

ARISTE.

De fêtes tout Paris fourmille,
Là halle, le pont-neuf, les champs Élizéens.
Combien j'aimois à voir danser les citoyens
　　Sur les débris de la Bastille !
Ces prisons, ces cachots qu'habitoient les douleurs,
Ont été couronnés de verdure et de fleurs :
　　Étonnés d'avoir quelques charmes,
Ils n'ont plus entendu que d'amoureux soupirs ;
Ils ont fait, dans ce jour, naître plus de plaisirs
Qu'ils n'avoient, en cent ans, fait répandre de larmes.

Le Ballet commence.

VAUDEVILLE.

JOSÉPHINE.

Lorsqu'auprès de Joséphine,
Quelqu'un lui fera la cour,
N'allez plus faire la mine,
Et comptez sur mon amour ;
Fiez-vous à votre amie,
Ne la veillez pas de près ;
Bannissez la jalousie....
Ce mot-là n'est pas français.

D'HARCOURT.

C'est envain que je m'efforce
De rassurer mon amour;
Si l'on permet le divorce,
Vous pourrez changer un jour.

JOSÉPHINE.

Je n'en veux point faire usage;
Mais, fidelle à mes attraits,
Gardez-vous d'être volage,
Ne soyez pas trop Français.

CABRIOLE.

J'aime la vertu guerrière
De nos braves défenseurs ;
Mais d'un peuple sanguinaire,
Je déteste les fureurs.
A l'Europe redoutables,
Soyons libres à jamais ;
Mais soyons toujours aimables,
Et gardons l'esprit français.

L'ABBÉ.

Du gazetier de Bruxelles,
Mesdames, dites du bien ;
S'il invente ses nouvelles ;
Vous pouvez n'en croire rien.

COMÉDIE.

On peut plaire avec des fables ;
Vous apprites, à vos frais,
Que les trompeurs sont aimables ?
Vos amans sont des Français.

Madame BROCHURE.

De la liberté nouvelle,
Faisons fleurir les bienfaits ;
Nous avons vaincu pour elle ;
Mais vainqueurs donnons la paix :
Des ennemis de la France,
Vengeons-nous par des couplets.
Connoît-on d'autre vengeance,
Quand on a le cœur français ?

L'ABBÉ.

On dérange mes affaires,
Je prends le tout sans humeur ;
Quelques-uns de mes confrêres
N'ont pas la même douceur.
Qu'amour, fidelle à mes traces,
Me conserve ses bienfaits ;
Je chanterai mes disgraces ;
Pour garder l'esprit françois.

EPIMÉNIDE.

Maître de ma destinée,
Roi des hommes et des dieux,
Si ma course est terminée,
Que je vive dans ces lieux.

LE RÉVEIL D'EPIMÉNIDE,
S'il faut qu'encor je sommeille,
Exauce au moins mes souhaits;
Fais que toujours je m'éveille
Au milieu des bons Français.

FIN.

www.ingramcontent.com/pod-product-compliance
Lightning Source LLC
LaVergne TN
LVHW021702080426
835510LV00011B/1545